FOURCHAMBAULT & COMMENTRY.

FOURCHAMBAULT & COMMENTRY

RAPPORT

SUR LA

CONDITION MORALE, INTELLECTUELLE ET MATÉRIELLE

DES

OUVRIERS QUI VIVENT DE L'INDUSTRIE DU FER

PAR M. LOUIS REYBAUD

FAIT A LA SUITE D'UNE MISSION QUE LUI A CONFIÉR L'ACADÉMIE.

PARIS

—

1868

EXTRAIT DU COMPTE-RENDU
De l'Académie des Sciences morales et politiques,
RÉDIGÉ PAR M. CH. VERGÉ, AVOCAT, DOCTEUR EN DROIT,
Sous la direction de M. le Secrétaire perpétuel de l'Académie.
T. LXXXI ET LXXXV.

FOURCHAMBAULT ET COMMENTRY.

Un peu au-dessous du confluent de l'Allier et sur la rive droite de la Loire, existe un vaste établissement devenu célèbre sous le nom de Fourchambault. L'emplacement qu'il occupe n'était, il y a quarante-cinq ans, qu'un champ livré au labour avec une maison de maître pour toute construction ; le hasard, l'occasion en ont fait ce qu'il est aujourd'hui, l'un des siéges les plus importants de l'industrie du fer et l'un de ceux, sans contredit, où l'emploi des méthodes perfectionnées date de plus loin. En 1815 tout était à créer sous ce rapport ; à peine se doutait-on en France des changements que pendant la guerre avaient subi les forges anglaises. Les premières notions en ce genre vinrent d'un voyage que fit, une fois la paix conclue, un homme habile en son art, M. Dufaud père, qui conduisait pour le compte de MM. Paillot la forge de Grossouvre dans le Berri. L'objet apparent de ce voyage était une spéculation sur les fers anglais, mais admis dans les ateliers d'Outre-Manche avec les facilités qu'obtient un porteur de fortes commandes, M. Dufaud père put prendre des notes si précises qu'à son retour il introduisait à Grossouvre le four à pudler et le laminoir en usage chez nos voisins. Le succès ne fut pas immédiat, soit que l'imitation péchât en quelque point, soit que les fers étrangers eussent encore trop d'accès sur notre marché. En 1822, sous l'empire de tarifs prohibitifs, M. Louis Boigues fut plus heureux. Devenu associé de MM. Paillot, il entreprit, avec l'aide et sur les plans de M. Dufaud fils, de construire une forge à l'anglaise, et après bien des recherches il en fixa le siége à Fourchambault. Ce choix se justifiait. On avait un débouché direct sur la Loire, que devaient doubler ou suppléer plus tard des débouchés par le canal du Berri et le chemin de fer du Bourbonnais, on était aux portes de Nevers qui de tout temps a fourni des ouvriers exercés dans les travaux de la ferronnerie, enfin on trouvait dans les hauts fourneaux du Cher, des pourvoyeurs naturels dont M. Boigues se rendit successivement l'amodiataire. Voies de transport économiques, personnel habile, matière première à portée, que désirer de plus?

Aussi dans les mains de M. Dufaud fils, la fortune de Fourchambault ne se dément-elle pas un seul jour. Ce n'est pourtant qu'une forge, accrue ensuite d'une fonderie, mais tout cela arrive à propos, au moment des meilleures veines. La gestion est habile, l'inspiration savante; les beaux inventaires se succèdent, et une partie des profits est convertie soit en perfectionnement d'outils, soit en acquisition d'immeubles. Ce n'est pas toujours une option, quelquefois c'est une nécessité; il y a des périodes difficiles où il faut serrer son jeu, étendre son rayon de défense. Fourchambault n'y manque pas, et c'est le sens des annexions multipliées dont son existence est pleine. Estime-t-il qu'il y aurait avantage à changer l'amodiation en propriété pour les hauts fourneaux qu'il détient à son service? Il les absorbe dans l'entreprise où il reste seul en nom. A-t-il besoin d'un atelier de petite dénaturation? Il l'achète. Sent-il enfin l'urgence de s'affranchir du tribut qu'il paie aux gîtes de houille qui alimentent ses feux, ou pourvoient à ses amalgames? Il passe un contrat d'union avec une mine puissante, et agit désormais de concert avec elle dans un cadre commun. Ce qui équivaut à dire que la société de Fourchambault est aujourd'hui formée de la fusion de quatre sociétés distinctes : Fourchambault proprement dit avec les hauts fourneaux de Torteron et de la Guerche; la Pique aux portes de Nevers; les hauts fourneaux et la fonderie de Montluçon avec la petite houillère des Bourdignats ou Monvicq, enfin la grande houillère de Commentry. C'est entre la Nièvre, le Cher et l'Allier un total de douze hauts fourneaux au coke et un au bois, deux fonderies, une grande forge et un atelier de ferronnerie produisant ensemble par an 70,000 tonnes de métal fini, et deux mines qui livrent aux ateliers associés ou au marché général un approvisionnement de 450,000 tonnes de houille. Pour suffire à ce travail, il ne faut pas moins de 7,000 ouvriers et de 37 millions de capital, 25 millions en actions, 12 millions en obligations. La raison sociale est Boigues Rambourg et compagnie, deux noms qui représentent les apports principaux, Fourchambault et Commentry : nous avons vu comment Fourchambault est né; les origines de Commentry sont plus curieuses encore.

I

Assis sur un banc de houille, Commentry lui doit ce qu'il est; son peuplement a marché du même pas que l'activité de l'exploitation : 900 habitants en 1836; 10,000 en 1866. L'extraction du charbon remontait pourtant à des temps très-anciens, comme le prouvent, dans les parties supérieures de la couche, des traces d'incendie dont le souvenir n'existe plus dans les traditions du pays et qu'on éteignit — l'état du sol l'atteste — au moyen d'une rigole dérivée d'un ruisseau voisin. Il est à croire que, jusqu'au dernier siècle, la mine resta à peu près au pillage ; aucune loi formelle ne protégeait la richesse souterraine ; les coutumes mêmes étaient peu respectées. Le charbon n'étant qu'à quelques pieds de profondeur devenait, pour le propriétaire de la surface, partie intégrante de son patrimoine et il en tirait parti au même titre. Chaque colon creusait un puits ou plutôt un trou d'où il extrayait le combustible nécessaire à son usage, se retirait lorsque l'eau l'en chassait et recommençait plus loin. Les champs ainsi accommodés ressemblaient à des écumoires. La législation de 1791 mit seule ordre à cette maraude qui d'ailleurs ne pouvait s'étendre au-delà des affleurements; il devint possible alors de concentrer quelques exploitations, et de les soumettre à un régime moins barbare : un droit formel remplaça du moins les abus d'une jouissance banale et peu à peu avec le droit la juridiction s'établit; les propriétés minières prirent la consistance des autres propriétés. Ce fut dans ces conditions et vers les commencements de l'Empire que la mine de Commentry trouva un acquéreur sérieux dans M. Nicolas Rambourg. Elle ne pouvait tomber en de meilleures mains ni enrichir un plus honnête homme.

M. Nicolas Rambourg n'était pas étranger au pays, il y avait fait ses preuves. On citait de grosses entreprises d'industrie qu'il avait menées à bien par le concours de qualités rares, la vigueur de l'esprit et du corps, une grande force de volonté unie à la justesse du coup-d'œil. C'était le cas pour les forges du Tronçois situées au milieu de la grande forêt de ce nom, dans l'Allier et à peu de distance de Saint-Bonnet-le-Désert, un hameau de quelques feux. Point d'autres ressources sur les lieux que les arbres qui devaient tomber sous la hache, et la terre à briques pour construire les fours; il fallait à grands frais tirer de loin tout le reste, et surtout des ouvriers d'art. M. Rambourg ne laissa à personne le soin de les enrôler, puis payant d'exemple, il vint s'installer avec eux en pleine forêt dans une hutte de sabotiers. Il s'agissait de former d'abord, a l'aide de puissantes digues, des retenues d'eau pour le service des roues hydrauliques : l'œuvre dura plusieurs années pendant lesquelles le vaillant entrepreneur ne quitta pas son poste un seul jour. Bien lui en prit comme on va le voir. On était alors en pleine terreur, et sous le coup de la loi des suspects. Quatorze dénonciations envoyées à Paris coup sur coup, avaient signalé au Comité de salut public un aristocrate qui conspirait contre la République dans un coin perdu de l'ancien Bourbonnais; les faits étaient graves, un représentant du peuple fut envoyé pour les vérifier. Ses instructions étaient assez vagues, et il lui restait des informations à prendre, pour la résidence sur- tout. Aussi, arrivé à l'entrée de la forêt du Tronçois, éprouva-t-il quelque embarras. Des bûcherons passent, il les interroge, aucun d'eux ne sourcille, ils devinent un ennemi. — « Le citoyen Rambourg, répondent-ils? Qui ne connaît pas ça? Et son château donc, quoi de plus connu! Tenez, par cette clairière, l'avenue en face et droit devant vous jusqu'à la grande digue; vous trouverez-là à qui par- ler. » Le représentant continue son chemin, et après une demi-heure de marche il met pied à terre devant le barrage; une hutte est près de là, il y entre et s'y trouve en face d'un bon homme en casquette, veste et sabots. L'entretien s'engage, le représentant se nomme, et pour la seconde fois demande où est le château du citoyen Rambourg, un dangereux aristocrate. — « Est-ce avoir de la chance, dit gaiement ce dernier; le château, le voici, et l'aristocrate, c'est moi. » Là dessus on s'explique et, après quelques politesses échangées, on se sépare dans les meilleurs termes. — « Si on te dénonce encore, dit le commissaire de la Convention en prenant congé, ce n'est pas toi qui seras arrêté, ce sera ton dénonciateur. » En effet, il y eut à quelques temps de là un dénonciateur arrêté, et M. Rambourg dut s'entremettre pour le faire élargir.

Voilà l'homme qui avait entrepris de convertir la mine de houille de Commentry en une propriété sérieuse et fruc- tueuse; il y réussit comme il avait réussi dans la forge du Tronçois. Son premier soin fut d'assurer par l'achat des lots partiels l'unité de l'exploitation; il y fit entrer pour un quart le duc de Brancas dont il se ménageait ainsi l'influence. L'association ne fut pas longue ; caprice ou besoin, le duc, à quelque temps de là, parla de liquider ; M. Rambourg le désintéressa et resta seul maître ; en 1818 il devint concessionnaire aux termes de la loi des mines de 1810. La concession embrassait, comme elle embrasse encore, toute la commune de Commentry, 2,044 hectares sur lesquels treize à quatorze cents de terrain houiller. Il a été possible ici d'établir par des calculs la durée approximative de la jouissance. Pour cela on est parti d'une hypothèse, sauf à en étendre les termes vérifiés dans le sens des probabilités. En supposant que la couche existe seulement sur mille hectares avec un mètre d'épaisseur, c'est un total en surface de dix millions de mètres carrés et en volume de dix millions de mètres cubes de charbon et comme un mètre de charbon en place, donne, à cause du foisonnement, treize hectolitres de houille marchande, la couche comprendrait donc cent trente millions d'hectolitres et l'exploitation sur le pied de six millions d'hectolitres par an ne durerait guère plus de vingt et un ans. Mais ce n'est là qu'une échelle numérique pour arriver à d'autres évaluations, appuyées de sondages. D'abord la couche peut s'étendre au-delà de mille hectares et dans des fouilles récemment faites à Monvicq sur le périmètre de la concession on a eu une de ces heureuses surprises ; puis cette couche supposée d'un mètre d'épaisseur varie dans tout ce qui est exploité aujourd'hui sur près de cent hectares de six à trente mètres ; même en réduisant cette épaisseur moyenne à dix mètres, on aurait encore du charbon pour deux siècles. Ce qu'il y a de curieux dans ce chiffre obtenu à Commentry, c'est qu'il est identique avec celui que, dans deux congrès successifs, sir William Armstrong et sir Rodéric Murchison ont dénoncé à l'association britannique pour les sciences comme étant la durée probable des exploitations houillères dans le nord de la Grande-Bretagne. Ce terme, après des vérifications successives, prendrait ainsi quelque chose de fatal.

Quoique M. Nicolas Rambourg eût la conscience de ce que valait son acquisition, il n'en tira d'abord que très-incomplètement parti. Sans moyens de transports à bon marché une mine de houille n'est qu'une richesse morte, et Commentry n'avait encore à son usage ni voie d'eau, ni chemin de fer; point de transports qui ne se fisssent par colliers, ce qui réduisait le débouché à quelques approvisionnements voisins, industriels ou domestiques. L'ouverture du canal de Berri mit un terme à ce séquestre trop prolongé; touchant deux fois à la Loire, à l'Est en aval de Nevers, à l'Ouest en amont de Tours, ce canal dotait le centre de la France d'un instrument de navigation qui allait en régénérer l'économie. La mort surprit M. Nicolas Rambourg en 1835 avant qu'un service de batelerie s'y fût établi; il laissait à ses trois fils le profit d'une œuvre dont il avait pris à sa charge toute la peine. Il savait bien que ce serait pour eux une fortune et pour son nom un titre durable. Aujourd'hui encore, après trente ans révolus, les ouvriers ne parlent de leur ancien patron qu'avec un attendrissement mêlé de respect. » C'était un homme juste » disent-ils, et c'est la plus belle oraison funèbre qu'on puisse attendre d'eux. Ses fils, à son exemple, ont noblement usé des biens qu'il avait acquis et qu'une gestion intelligente a fait largement fructifier. L'un d'eux M. Louis Rambourg a récemment fondé à Commentry, pour les malades et les blessés de tout le canton, une maison de refuge qui lui a coûté 230,000 francs et à laquelle il a affecté, tant de son vivant qu'après lui, une dotation de plus de cinquante mille francs de rente. De tels actes portent en eux leur éloge et celui-ci a d'autant plus de prix qu'il s'est fait simplement, sur un théâtre modeste et sans chercher le bruit.

Ce serait une illusion de croire que la fortune de Commentry s'est achevée sans effort ; la mine a traversé quelques épreuves et parmi les plus rudes l'embrasement général qui, en 1840, éclata dans les galeries. On a vu que les anciennes exploitations y étaient sujettes ; d'où provenaient donc ces accidents ? De procédés défectueux dans l'abattage du charbon et d'un lit de poussier qui se formait à la suite ; ce poussier, sous l'influence d'un air humide et chaud, entrait en combustion et l'incendie gagnait insensiblement la couche de houille d'où il n'était pas facile de le déloger. Un volcan s'allumait alors dans les entrailles du sol et les fumeroles qui se dégageaient à la surface en marquaient la marche souterraine. A Commentry, voici trente ans bientôt que le même incendie dure ; on l'a cantonné, il n'est pas éteint ; le jour des vapeurs intenses, la nuit des lueurs bleuâtres montrent les points où il persiste. C'est désormais très-superficiel, mais que de combats livrés au feu avant de le réduire à cette part insignifiante ? Justement alors MM. Rambourg venaient de remettre leur mine entre les mains d'un ingénieur d'un haut mérite, M. Stéphane Mony ; ce fut lui qui entreprit la lutte et à force de persévérance la mena à bien. Parmi les moyens à employer, il y en avait un de très-expéditif et on peut dire d'irrésistible, l'inondation ; il était de tradition dans le pays ; mais l'effet en est précaire autant qu'il est prompt, et au fond ce n'est guère que changer de fléau. Les travaux faits se dégradent à l'irruption des eaux, les terrains délayés s'éboulent, les galeries s'obstruent ; le mal guéri, il faut se guérir des suites du remède. Commentry en fit l'expérience : de 1841 à 1844 la mine fut trois fois inondée en entier ; constamment il y avait lieu de s'y reprendre à travers des dévastations répétées. On avisa, et bientôt s'offrirent des moyens moins simples, plus lents, plus périlleux, mais en définitive plus sûrs. C'était un système de barrages, de *corrois* en termes du métier, partie en maçonnerie, partie en terre glaise derrière lesquels on enferme le feu assez hermétiquement pour qu'il s'amortisse à la longue faute d'air. Construire de pareils murs est une tâche dont on ne saurait se faire une idée sans en avoir été témoin ; elle n'est possible qu'avec un personnel aguerri et qui risque délibérément sa vie. Les hommes y travaillent à demi nus séparés du foyer de l'incendie par une cloison incandescente et qui leur renvoie d'intolérables réverbérations, aveuglés par la fumée, assiégés de gaz irrespirables, l'hydrogène carboné et l'acide carbonique, quelquefois l'oxyde de carbone, si dangereux et si actif. Souvent, au cours de ces travaux de défense, on a pu constater au moyen de la lampe de sûreté qu'au sein des galeries hautes de 2^m 30 c., on avait un demi-mètre de mélange d'air et d'hydrogène carboné dans le haut et dans le bas un demi-mètre et souvent plus d'air et d'acide carbonique. Dans le premier cas la flamme grandissait et rougissait dans l'enceinte de la toile métallique ; dans le second cas la lampe s'éteignait instantanément comme à Naples dans la grotte du chien. Il ne restait donc aux mineurs, entre ces deux couches méphitiques, qu'une bande d'air à peu près respirable régnant à mi-hauteur et dans laquelle il leur fallait se maintenir sous peine d'asphyxie. Aussi travaillaient-ils courbés en agitant l'air le moins possible pour empêcher les mélanges, mais bientôt des vertiges, des nausées, quelquefois des évanouissements indiquaient que l'atmosphère s'était viciée, et il fallait tirer de ce champ de bataille les hommes qui se sentaient frappés. En général il suffisait pour les remettre sur pied d'un transport dans des galeries mieux ventilées et, quand les syncopes se prolongeaient, de quelques inhalations d'ammoniaque.

Le mur en maçonnerie une fois élevé, la défense n'en était encore qu'à son premier degré ; le feu aurait promptement brisé cette faible digue. Force était donc de la doubler avec des terres glaises soutenues par de nouveaux barrages et ainsi de suite jusqu'à ce qu'on eût mis entre les galeries exploitées et la galerie en combustion, la garantie d'une séparation efficace. Alors on laissait le feu s'endormir. Au bout de quelques semaines seulement l'attaque recommençait ; les escouades d'ouvriers y marchaient bien équipées en outils, en matériaux, en pompes surtout. Ouvrir une brèche dans le barrage et diriger le jeu des pompes vers les points où l'incendie persistait, voilà la nouvelle manœuvre qui se répétait jusqu'à l'extinction complète des parties en combustion. C'est en principe la même opération que pour la conversion de la houille et du bois en coke et en charbon, un étouffement graduel hors du contact de l'air. Dans le cours de ce changemnent d'état le feu s'assoupit ou s'active, suivant la rigueur du blocus auquel on l'assujettit et que de fois, après des assauts répétés, il se maintient par l'aération qui s'établit à travers des fissures imperceptibles. On cite des houillères qui sont en feu de temps immémorial et à l'exploitation desquelles il a fallu renoncer en totalité ou en partie. Aucun bassin n'en est exempt, et les phénomènes sont partout les mêmes : dans la mine, près des parties qui brûlent, une chaleur de 50 degrés, des schistes, des grès calcinés dont la couleur passe au rouge ; à la surface du sol des dépôts de diverses sortes, de la fleur de soufre, de l'alun, du sel ammoniaque, enfin, dans le paysage, un air de dévastation, l'aspect d'une terre maudite.

Pour Commentry ces combats contre le feu sont de l'histoire ancienne ; il reste bien çà et là quelques soupiraux par lesquels des vapeurs s'exhalent, mais le mal interne est rigoureusement circonscrit, grâce à une surveillance sans relâche. Toutes les approches sont gardées de façon à ce qu'il ne puisse y avoir de surprise ; aussi depuis vingt-cinq ans, plus d'accident sérieux ; les travaux ont marché eu pleine sécurité. De quel pas, sur quel pied, on va le voir ; ici comme ailleurs la récolte est en rapport avec la semence. De 1840 à 1853, Commentry ne dépense pas moins de cinq millions, tant pour l'établissement d'un chemin de fer sur Montluçon que pour la construction de puits, de machines et d'ateliers. La production répond à cette dépense en passant de 120,000 à 1,800,000 hectolitres. C'est le dernier terme de l'effort de la mine, seule en nom et agissant isolément. En 1854, des convenances réciproques amènent une association entre la mine et des forges voisines ; Commentry se fond avec Montluçon et Fourchambault ; cinq nouveaux millions sont dépensés pour parer à ce surcroît de service ; la production s'élève d'autant, elle est aujourd'hui de 5,600,000 hectolitres. L'élan est désormais donné et ce qu'avaient commencé les canaux, les chemins de fer l'achèvent. L'Allier voit tous ses gîtes de houille s'animer et ses villes se peupler d'usines. Commentry, on l'a dit, monte à 10,000 âmes, Montluçon de 5,600 âmes passe à 19,000 ; des villages de 400 et 500 âmes, comme Doyet et Montvicq, arrivent à 4,500 et 5,600 âmes. Ces deux dernières localités, en y adjoignant les deux Bezenet, atteignent une production de 4,500,000 hectolitres de charbon ; Commentry compris, c'est 10 millions 100,000 hectolitres pour un périmètre très-réduit. Voilà donc coup sur coup une richesse inerte qui a pris une forme active et qui est entrée dans la circulation pour n'en plus sortir.

Passer à Commentry sans voir à l'œuvre les vaillants ouvriers qui en exploitent le tréfonds, c'eût été en partir avec un regret. Je suis donc descendu dans la mine en compagnie de M. Mony : un ingénieur nous servait de guide. Pour arriver au puits principal il fallait traverser le pays brûlé où les traces du feu sont empreintes dans les convulsions du terrain. Ici une sucession de tertres indiquait des points de soulèvement, là de profondes entailles montraient la direction des premiers gîtes mis à découvert ; quelques sentiers serpentaient à travers des mamelons accidentés et cultivés seulement par places. En pers-

pective on avait les levées du chemin de fer construites en
partie avec les déchets de la mine et la charpente qui sert
d'auvent au puits par lequel nous allions descendre. Dans
le cabinet de l'ingénieur des costumes de mineurs nous
attendaient, blouse et pantalon en toile bleue, chapeau de
cuir à l'épreuve du choc des corps durs, lampes allumées
pour une promenade dans les galeries. Cette toilette achevée, nous gagnâmes le puits muni de cages suspendues où
il fallait se tenir pelotonnés deux à deux ; la machine
s'ébranla, nous plongeâmes dans le gouffre. La seule
distraction qu'on ait pendant le trajet est la dégradation de
la lumière et les suintements de l'eau qui découle des parois.
A cinq cents pieds de profondeur la cage s'arrêta, un pont
volant fut jeté de la porte d'une galerie ; nous étions arri-
vés. Dans une mine, il n'y a qu'un spectacle vraiment inté-
ressant, c'est celui qu'offre la taille, c'est-à-dire l'endroit
où les piocheurs, comme on les nomme, attaquent la
couche de houille et la détachent par blocs. Ce travail est
le point de départ de tous les autres et il exige un long
apprentissage ; il y faut de l'adresse, de la vigueur, de la
précision dans le coup d'œil. Nous nous dirigeâmes de ce
côté au milieu de quelques rencontres. C'étaient tantôt des
lumignons qui se montraient en plus grand nombre au
croisement des galeries, tantôt des wagons chargés de
houille que des chevaux entraînaient avec aisance sur des
rails. Sur leur passage il fallait se garer. Ces chevaux
étaient d'une allure tranquille et du plus bel embonpoint ;
ils durent longtemps et ne souffrent que de la vue sujette
à s'affaiblir dans les ténèbres. Plusieurs sont aveugles et
n'en continuent pas moins leur service ; ils suppléent par

l'instinct à l'organe qui leur manque. On cite à ce sujet un fait curieux. Comme ces chevaux sont de haute taille, de distance en distance l'abaissement des voûtes les contraint à incliner la tête; les chevaux aveugles le font comme les autres et ne se heurtent pas plus souvent aux saillies des plafonds.

Quand on débouche des galeries pour entrer dans l'espace libre où le pic attaque le minerai, on se croirait transporté dans un monde de fantaisie. Ces vingt ou trente ouvriers, à la clarté de leurs lampes, dans leur costume de travail, n'ont rien qui les rattache à la vie d'en haut; on dirait des enfants des ténèbres. Le charbon qui s'effrite sous leurs instruments les a couverts d'un tel enduit qu'ils tiennent du mulâtre plus que du blanc ; leurs bustes nus ont la couleur du bronze antique. Ils sont là comme à un combat et c'en est un en effet. Ces blocs noirs qui les surplombent et dont ils ébranlent la base sont sujets à des glissements soudains qu'il faut prévoir sous peine d'en être engloutis. Ces ouvriers n'ont là-dessus d'autre science que la pratique de chaque jour, mais quel profit ils en tirent pour se guider et se préserver ! Un accident est si vite arrivé: il suffit d'un coup de pic maladroit porté sur une couche savonneuse. Aussi les voit-on apporter à leur tâche un soin réfléchi et un examen minutieux des ébranlements qui se produisent dans le massif. Une fente, une crevasse, insignifiantes pour d'autres, ont pour eux une signification précise. Ils voient sur le champ dans quel sens la pression s'opère et comment on doit agir, non-seulement pour la rendre inoffensive, mais pour la faire concourir au succès de l'extraction. Ce n'est plus l'art de l'ingénieur, c'est l'art du manœuvre qui s'identifie avec sa besogne au point de donner des leçons aux plus experts. Il faut dire d'ailleurs que chaque taille est pour ainsi dire un cas particulier et et que pour chaque cas le mode d'exploitation diffère, ici par tranches, là par étages, suivant les pentes du gîte et les accidents de direction.

Toute mine a un cabinet d'études où sont les archives et les plans de son cadastre souterrain ; ce fut notre dernière visite. Dans le voisinage se trouvait l'escalier de mille marches par où passent les ouvriers, et en disant escalier on force un peu le mot, c'est échelle qu'il faudrait dire. Pour le retour j'avais l'option ; mon choix fut promptement fixé ; la même cage nous servit de moyen de transport et la même machine nous ramena à la clarté du soleil qui me parut plus brillant après deux heures de ténèbres.

D'une visite à ces profondeurs le sentiment qui survit le plus est de l'admiration pour la population courageuse qui les met en rapport. Dans beaucoup de cas c'est jusqu'à l'héroïsme qu'elle s'élève, mais si simplement, d'une manière si habituelle qu'il faut presque un effort pour lui rendre justice et lui en savoir gré. Le mineur joue sa vie comme le soldat au feu : quand il descend le matin pour se rendre à son poste il ne sait pas s'il remontera le soir. Que de risques l'attendent? Un câble brisé, un choc aérien, un éboulement, un incendie, des gaz délétères, une inondation ; c'est la mort multipliée sous toutes les formes. Le mineur l'affronte comme une conséquence de sa profession sans avoir la conscience de ce que vaut ce per-pétuel sacrifice. Ce sont des âmes simples, même grossières, crédules, portées au merveilleux, mais en ce qui touche à leurs devoirs d'état d'une trempe incomparable. A Commentry, dans cette mine livrée aux flammes, on a pu les juger; personne ne posait, personne non plus ne bronchait; il y a eu des traits de courage ensevelis dans la mémoire de quelques témoins et qui, en campagne et sous les drapeaux, eussent été mis à l'ordre du jour. Que de fois, surpris par des gaz mortels, un ouvrier prolongeait son service jusqu'à épuisement de forces, ou bien traversait des braises brûlantes pour porter son tuyau de pompe jusque sur le siége principal du feu. Sur ces actes d'obscur dévouement, il y a à Commentry comme ailleurs une tradition qui se transmet de bouche en bouche et d'où l'on peut détacher deux récits.

Le premier donnera une idée de la vigueur qui distingue le caractère de ces braves gens. Un ouvrier, nommé Mazeron, allume un jour deux trous de mine dans une galerie au rocher, et comme d'usage se met à l'abri dans une galerie latérale pour y attendre l'explosion. Le temps voulu se passe, la mine ne bouge pas; Mazeron croit les mèches éteintes, il s'avance avec précaution, regarde de loin et n'aperçoit pas de fumée. Point de doute, c'est à recommencer; il s'approche alors et se penche sur l'un des trous de mine. Le coup part, atteint la figure en blessant les yeux, brise la clavicule et la cuisse droite et rejette le malheureux sur l'autre trou qui en éclatant lui casse les deux jambes. On le relève, on le croit mort, aveugle du moins : le sang coule à flots de la figure et des yeux, il a sur le corps quatre fractures. Qui n'eût désespéré d'un homme mis en pareil état ? Mazeron s'en est pourtant tiré;

des soins intelligents, une bonne constitution, un inaltérable sang-froid l'ont remis sur pied, sinon intact, du moins aussi peu entamé que possible, presque aveugle, un peu gêné dans sa marche, mais conservant dans un corps affaibli la volonté la plus ferme. Devenu infirme, Mazeron avait droit au repos et droit aussi à une pension comme blessé au service de l'industrie. Rien de cela ne lui eût manqué s'il l'eût voulu, mais Mazeron ne le voulait pas ; il y avait là-dessous un semblant d'assistance qui lui répugnait. D'après lui il était encore en état de gagner son pain. Aussi quatre mois après l'accident et à peine guéri reparut-il à la mine, demandant comme une chose due qu'on lui rendît son emploi ou un emploi équivalent. Il n'y eut pas à le raisonner là-dessus ; il fallut contenter son désir et lui apprendre à conduire une machine. Voici vingt ans qu'il est en fonctions et il n'a pas manqué un seul jour, quelque temps qu'il fît, de se rendre à son poste. Il a une lieue à faire pour y aller, une autre lieue pour s'en retourner chez lui, peu importe ; personne n'est plus exact, et comme il le répète avec un certain orgueil il gagne au moins son pain. C'est de l'entêtement soit, mais dans cet entêtement que de dignité personnelle et quelle passion du devoir !

Voici maintenant de l'héroïsme. Quand on fonce un puits de mine, on procède à ce travail au moyen de brigades de quatre à cinq hommes qui creusent ce puits d'après un plan donné et sous une forme rectangulaire, ronde ou ovale. Un chantier s'établit sur place et une machine à vapeur est installée à la fois pour épuiser les eaux et enlever les bennes chargées. Dans la plupart des cas les terrains ne s'attaquent qu'à la poudre et il en résulte une succession de travaux et d'évolutions. Deux ou trois trous de mine ont-ils été creusés, on les charge, puis il s'agit d'y mettre le feu. A ce moment, tous les ouvriers, moins un, montent dans la benne, sorte de tonneau, et s'y tiennent debout, un bras passé autour du câble. L'ouvrier chargé d'allumer, met lestement le feu aux mèches, puis saisi par les mains libres de deux de ses camarades, il monte aussi dans la benne, et le signal du départ, *Ahi !* est donné à pleine voix. La benne s'enlève avec rapidité à 40 ou 50 mètres du fond ; le coup part et comme les trous de mine sont toujours inclinés, leurs éclats ne vont guère qu'à vingt ou vingt cinq mètres de haut. A l'explosion succède immédiatement le signal de descendre.

— *Réappari !* crie le chef d'équipe, probablement *réappareille* en français. La benne descend, les ouvriers rassemblent les débris et les chargent dans le tonneau qui les remonte au jour, tandis qu'au fond on recommence d'autres trous de mine. Voilà l'ordre des manœuvres dont le détail était nécessaire pour comprendre ce qui suit.

Gilbert Trimouille faisait partie d'une brigade de cinq hommes occupés à foncer un puits. On était à 120 mètres de profondeur ; deux trous de mine étaient pratiqués à une distance de deux mètres l'un de l'autre. Aucun ouvrier plus que Trimouille n'était habile à allumer les mèches et cette fois encore il était chargé de ce soin ; le moment étant venu, ses camarades, comme de coutume, montent dans la benne et l'un d'eux par une inexplicable méprise, croit voir Trimouille à ses côtés — *Ahi !* s'écrie-t-il ; la benne s'enlève, laissant au fond du puits le mineur près de la mèche en feu. Ceux d'en haut pourtant s'aperçoivent de leur erreur, et au prix de leur vie veulent la réparer ; ils poussent le cri de descendre : *Réappari* ; mais à peine Trimouille l'a-t-il entendu : *Ahi !* s'écrie-t-il de toutes la force de ses poumons et la benne remonte. Ces ordres contradictoires avaient eu la durée d'un éclair. Trimouille fait alors le signe de la croix, se couche la face contre terre et la tête couverte de ses deux mains. Les coups partent et les hommes de la benne redescendent désespérés, croyant trouver Trimouille en lambeaux ; il était contusionné, meurtri, mais sans blessure grave, disposé d'ailleurs à se remettre à la besogne, comme si de rien n'était. Cela tenait du miracle et a passé comme tel dans les légendes du pays.

Ainsi Trimouille n'avait pas voulu jouer la vie de ses camarades sur la seule chance de salut qui parût lui rester ; jugeant le péril sans remède, il s'y était dévoué seu' · n'est-ce pas là de l'héroïsme? Il n'en était pas plus fier pour cela et croyait avoir fait la chose la plus naturelle du monde. Quand on lui demandait à quel sentiment il avait obéi en empêchant la benne de redescendre. — Ah ! répondait-il, il y avait assez de mal fait comme ça. Un jour que M. Mony insistait pour savoir jusqu'à quel point il avait eu la conscience de son acte : — « Ah oui, dit-il, je voyais que les mèches allaient bien, que j'étais perdu ; c'était pas la peine de laisser perdre les camarades. — Et à quoi pensais-tu en attendant l'explosion? — Je faisais ma prière. » En 1864 bien des années avaient passé sur cet épisode de la vie des mines, et Trimouille vieilli ne songeait guère à s'en prévaloir, lorsqu'une circonstance ramena le fait et l'homme devant le jugement de ses pairs. L'Empereur devait passer à Commentry et l'on fit demander à M. Mony si parmi les ouvriers de sa mine il y en avait quelqu'un qui méritât la croix d'honneur. Sûr d'être en accord avec le sentiment commun, M. Mony désigna Trimouille : quelques jours après la croix était donnée ; l'avis en parvint à Commentry, mais trop tard pour Trimouille ; il venait de mourir.

Ces mineurs, si fermes au besoin, sont, dans les rapports habituels, les plus maniables des hommes ; l'esprit de discipline est inséparable d'un métier exposé à tant d'accidents ; la vie souterraine y aide aussi, elle isole l'individu des fermentations populaires qui ont pour siége les carrefours. A Commentry du moins l'obéissance aux chefs est rarement enfreinte, et ce qu'a dit l'ingénieur équivaut à un article de foi. Il en serait là comme à Epinac (1), si une velléité de révolte venait à se déclarer. Un jour à Epinac, les ouvriers éprouvèrent la fantaisie de se mettre en grève ; un conseil fut ouvert où chacun dit son mot ; le temps s'écoulait, on ne pouvait s'entendre ; le maître mineur était présent, il intervint : « Mes enfants, dit-il, attendez-moi là ; je vais consulter M. l'ingénieur. » Peu après il revient. « Ecoutez, mes enfants, ce que M. l'ingénieur m'a répondu. Pierre, va-t-en dire à tes hommes que le poste du jour commence le matin à six heures, s'arrête de midi à une heure pour le repas, et finit à quatre heures du soir. Voilà, mes enfants, ce que M. l'ingénieur m'a dit ; je lui obéis, vous m'obéissez et là-dessus à l'ouvrage. » Ce qui fut fait et la grève en resta là. Non pas que le mineur n'ait aussi ses idées fixes, mais il les place ailleurs ; il aime sa mine, il aime son logis ; ces deux passions remplissent sa vie. Son

(1) Louis Simonin, *La Vie souterraine*.

travail à la mine n'est jamais machinal, il en a l'instinct comme le goût. Voyez-le à l'œuvre, c'est presque une chasse avec ses émotions ; les accidents du terrain, les pistes à suivre le tiennent en alerte. Survient-il une faille, c'est-à-dire une disparition ou un écart de la couche, il en est affecté comme s'il y avait un intérêt direct ; il n'a de cesse, qu'il n'ait ressaisi un indice favorable. La couche prend-elle plus de puissance, se bonifie-t-elle en qualité, il en est heureux et le témoigne ouvertement. Le propriétaire de la mine ne s'identifie pas mieux aux déceptions et aux surprises qu'elle cause.

Son autre passion est son logis quand il en a un bien à lui, avec un petit jardin contigu. L'instinct du mineur est de fouiller la terre ; aussi la culture d'un potager est-elle pour lui une jouissance et une distraction ; il y emploie ses heures libres au lieu de les donner au cabaret. Nulle part ce moyen de diversion n'a échoué ; à Commentry il commence à s'introduire. Pendant la période de croissance, les maisons étaient rares et les loyers chers ; on ne monte pas impunément de 1000 âmes à 10,000 ; aujourd'hui l'équilibre tend à se rétablir ; on construit beaucoup et de tous côtés, de préférence de petites maisons plutôt que des casernes, comme un instant la mode en a prévalu. Le loyer pour un ménage comprenant deux chambres et souvent un peu de jardin, est de 5 à 8 fr. par mois. Le seul luxe de ces logements est la propreté, et le métier de ceux qui les occupent ne s'y prête guère ; c'est déjà beaucoup que celle du corps soit maintenue par des ablutions d'eau chaude à chaque rentrée de la mine. Peu d'ouvriers manquent à ce soin qui est d'un grand effet sur leur santé ; les femmes y veillent d'ailleurs et administrent de leurs mains ces douches salutaires. Il ne reste comme souillure dans le logis que cette poussière de charbon, si subtile qu'elle s'insinue dans les meubles, pénètre dans les murs, s'attache aux vêtements et communique une teinte enfumée à tout ce qui s'expose à son contact.

Dans ces logis de mineurs il n'y a point de misère proprement dite, pas même de privations apparentes. Les premières nécessités de la vie sont défrayées chez tous ; chez quelques-uns règne une certaine aisance. Le pain qu'on y mange est un pain de seigle pur et presque blanc, valant, de 24 à 30 c. le kilo, ou bien un pain mélangé de seigle et de froment, pain excellent, très-substantiel, et valant, suivant l'état des récoltes, de 28 à 41 c. Il y a vingt ans, ce pain eût passé pour un pain de luxe, à l'usage des ménages bourgeois. L'ouvrier faisait alors moudre son seigle en y laissant la moitié du son et en réservant pour des gâteaux la fleur de farine ; avec le résidu il fabriquait un pain mou et gluant qui moisissait vite et devait durer de quinze à vingt jours. C'était un triste aliment et souvent à l'heure des repas on pouvait voir les hommes attablés enlever avec leurs couteaux les parties moisies qui couvraient le pain de marbrures vertes. Aujourd'hui, c'est chez le boulanger que l'ouvrier se fournit et il s'y procure un pain de farine un peu bise, mais bien travaillé et bien cuit, presqu'au même prix qu'il payait autrefois un pain détestable. Ce sont les terrassiers venus d'Auvergne qui ont donné l'exemple ; les gens du pays l'ont suivi et ils s'en trouvent bien. Pour eux, le dernier mot d'un régime alimentaire, c'est que le pain soit bon, ils ne voient rien au-delà ; la viande ne figure sur leurs tables que dans les grandes occasions, la sainte Barbe par exemple, jour de fête des mineurs. On a pourtant de la viande passable pour 70 c. le kil.; mais c'est trop cher encore pour des hommes qui regardent à un centime et sont d'une sobriété exemplaire. A peine, comme supplément, se permettent-ils de temps à autre un peu de porc, quelques salaisons, des pommes de terre ou des légumes qu'ils cultivent. Les ménagères font de tout cela des amalgames qu'elles assaisonnent fortement et dont la saveur se relève encore par la vigueur des appétits. Dans les maisons un peu à l'aise on arrose cette pitance avec un vin de 25 cent. le litre, un peu dur mais naturel et sain.

A combien s'élève le coût de cet ordinaire? On n'en saurait faire un calcul rigoureux, tant les éléments en sont variables ; mais en évaluant à 50 cent. par personne et par jour la dépense de la table, on doit approcher beaucoup de la vérité ; ce serait pour un couple 365 fr., et en y comprenant le loyer et l'entretien, un total de 550 à 600 fr. par an. C'est là le ménage simple dont les charges s'accroissent en raison des enfants. Il y a en outre le ménage composé ; c'est-à dire celui qui admet des pensionnaires. C'est une curieuse figure que celle de ce pensionnaire dans une maison de mineur. Quand ils sont plusieurs pour la même hôtesse, une garantie naît de leur rivalité et ce n'est plus pour le ménage qu'une spéculation. Pour 6 fr. par mois, le pensionnaire est couché, il a, en fournissant le pain, la soupe trempée deux fois par jour, le couvert, des draps, de l'eau chaude pour se laver au sortir de la mine, quelquefois un coup de main. Les relations ne vont pas au-delà des services rendus en retour d'une rétribution fixée. Mais quand le pensionnaire est seul, les rapports deviennent forcément plus intimes et on en arrive à une vie en commun qui n'a de nom qu'en Italie. Le pensionnaire est alors de toutes les parties, mène les enfants à la promenade, aide le mari et la femme dans les travaux domestiques, devient un inséparable et un suppléant. Ces ménages en partie double ne sont pas rares chez les mineurs, et ce qui est moins rare encore, c'est la collection de cinq ou six pensionnaires dans les mains de veuves ou de filles majeures. N'ayant de compte à rendre à personne, celles-ci exercent leur industrie en toute liberté, gouvernent, nourrissent, accommodent, approprient leur groupe de clients en s'arrangeant de manière à ne pas trop faire de jaloux.

C'est le salaire qui soutient toutes ces existences, et qui, sensiblement accru depuis vingt ans, leur a donné d'abord le nécessaire et tend à leur donner le superflu. Ce salaire ne se paie à la journée que par exception; la règle est la tâche. Pour l'extraction des minerais, le compte s'établit sur le mètre cube de mine lavée, les ouvriers ayant à leur charge le fonçage des puits de peu de profondeur, avec les découverts, plus le piochage, la mise au jour et le lavage, les minerais d'alluvion du Berri se présentant toujours en un mélange de 40 à 70 p. 100 de terre grasse et le surplus en mine. Les ouvriers dans ce cas gagnent de 70 à 120 fr. par mois. Dans les gisements plus profonds et où l'on doit recourir aux procédés plus compliqués de l'art des mines, fonçage des puits avec moteurs mécaniques, épuisements, lavages par machines, les ouvriers mineurs de profession gagnent de 3 à 4 fr. par jour; les manœuvres de 2 fr. à 2 fr. 50 c. Aux mines de houille, tous sont à la tâche. Les ouvriers piocheurs de charbon gagnent de 70 à 125 fr. par mois, comprenant 25 à 26 jours de travail. Les chargeurs de 70 à 80 fr., les rouleurs 55 fr. à 70 fr. Les femmes occupées au jour — il n'y en a pas dans les travaux souterrains — gagnent 33 à 40 fr., les jeunes garçons aussi. Parmi les ouvriers de profession, c'est 70 fr. à 90 fr. pour les chapentiers, 90 fr. à 125 fr. pour les forgerons, 100 fr. à 120 fr. pour les ajusteurs et les tourneurs. A Montluçon la conduite des fourneaux ne peut être qu'à la journée ; cette journée est de 2 fr. 75 à 3 fr. 50 ; les mouleurs sont à leurs pièces et gagnent de 80 à 100 fr. par mois. Si l'on relève ces salaires en prenant l'année pour l'unité de rapprochement, on trouve au bas de la série 600 fr. pour le manœuvre et en haut 1,500 fr. pour l'ajusteur ; le mineur aurait de 1,200 à 1,400 fr., les ouvriers d'un moindre degré, de 800 à 1,000 fr. Entre tous ces chiffres et la dépense stricte de 600 fr. pour un couple sans enfants, il y a une marge très-raisonnable pour l'épargne ou des placements immobiliers. Or, cette épargne se forme à Commentry, lentement mais sûrement, comme l'attestent des dépôts nombreux faits dans la caisse de la mine.

Avec le maintien du travail à la journée, le seul mode en vigueur autrefois, jamais ce mouvement en avant ne se fût produit. Le travail à la journée est le triomphe de l'inertie ; c'est à qui fera le moins et le plus superficiellement ; aucun intérêt ne lie l'ouvrier à son œuvre. Avec le travail à la tâche, cet intérêt naît de lui-même et s'atteste par un profit immédiat ; l'ouvrier alors prend goût à ce qu'il fait, attache à la matière qu'il façonne une signification que jadis elle n'avait pas, se sent investi d'un droit dès qu'il prélève sur elle un tribut proportionnel. Aucune révolution n'a été plus profonde et nulle part les effets n'en ont été plus marqués qu'à Commentry. Qu'on en juge par le rapprochement suivant? Il y a vingt-quatre ans, la journée moyenne de tous les ouvriers concourant à l'extraction, mineurs, chargeurs, rouleurs, receveurs, trieurs, représentait comme produit utile trois hectolitres et quart de houille montée au jour. Elle en représente aujourd'hui quatorze, soit 1,120 kil. de houille au lieu de 280. Ce sont pourtant les mêmes hommes, le même siége de travail, les mêmes opérations ; mais il y a ceci de changé que l'ouvrier, en agissant beaucoup pour autrui, agit un peu pour lui-même et que tout surcroît d'effort lui est compté comme surcroît de paie. L'idée était bien simple et d'une justice élémentaire : rétribuer les gens en raison de leurs œuvres, et pourtant il a fallu des siècles avant de l'introduire sérieusement dans l'économie du travail manuel.

Quand on songe que l'ouvrier des mines passe presque toute sa vie dans les ténèbres, qu'il s'y plonge dès que le jour naît et n'en remonte que lorsque le jour expire, on est conduit à se demander si ce n'est pas là une trop grande violence faite à la nature et comment la constitution de l'homme peut y résister. La vue d'une population de mineurs répond à ces craintes. Elle se compose en général de sujets robustes, ayant tous les dehors de la santé et rangée dans la catégorie qui fournit au recrutement de l'armée le moins de non-valeurs. Au fond la vie sous terre n'a rien qui puisse altérer la santé quand les conditions d'aérage sont ce qu'elles doivent être. A Commentry rien n'a été épargné pour cela ; les galeries sont hautes, larges, bien ventilées ; le sol est étanché sur presque tous les points ; le travail en lui-même n'a rien d'excessif, il n'y a de pénible que le travail de nuit. Les courses au charbon, comme on les nomme, se font généralement de quatre heures du matin à quatre heures du soir ; mais aussitôt qu'elles sont terminées, les courses aux remblais commencent. Cette partie du travail a pour objet de remplacer par des matériaux inertes, pierre et terre, les vides faits dans le charbon. Ces courses ne peuvent donc se faire qu'entre quatre heures du soir et quatre heures du matin, condition assez pénible, puisque les habitudes de la vie sont renversées. De là une certaine résistance quand il s'est agit d'introduire le système d'exploitation par remblais ; aujourd'hui ce système fonctionne bien et ne soulève plus de plaintes ; rien n'indique que les cas de maladie s'en soient accrus. Il y a bien çà et là quelques affections particulières aux mines, l'anémie par exemple, les troubles nerveux, le dérangement des fonctions digestives ; mais ces affections ne sont pas moins fréquentes et ne font pas une moisson moins large à la surface du sol.

Ce qui préserve surtout la santé du mineur ce sont les bonnes habitudes. Pour l'ouvrier des campagnes l'éloge se résume en un mot ; il est exemplaire ; il ne distrait de son temps et de son argent ni une minute ni une obole. Les heures dont le travail de la mine lui permet de disposer, il les donne à son champ, à son bétail quand il en a ; il n'a qu'une idée, un mobile, une passion, c'est de s'arrondir. Son seul défaut est une perpétuelle convoitise et un penchant à empiéter sur le voisin qui ne se défend pas avec moins d'âpreté. De là des querelles, quelquefois des voies de fait, rarement des procès, car ils sont coûteux. Chez les ouvriers urbains, il y a plus de relâchement; la police qu'exerce sur l'homme la soif d'acquérir n'y existe pas au même degré et les occasions de dissiper l'argent y sont plus fréquentes. Les foires, les spectacles lui font une guerre de passage, le cabaret lui en fait une permanente. Comment y résister? Les ouvriers du fer ne l'essaient même pas et un instant on a pu craindre pour les ouvriers de la mine la contagion de l'exemple. Quelques précautions alors ont été prises; il s'agissait moins de combattre un goût enraciné que des entraînements fugitifs, on en rechercha les causes. La paie se faisait les dimanches; les ouvriers y venaient après la messe et dans leurs habits de repos. Ils passaient ainsi devant les cafés et les cabarets et loin de chez eux, et de l'argent en poche, la tentation d'y entrer était grande. Il y avait un autre usage : les ouvriers piocheurs au charbon travaillent toujours associés deux à deux, souvent quatre à quatre. A Commentry ils avaient pris l'habitude de partagei leur paie au café et de dépenser en consommation toute fraction dépassant un zéro; 7 fr., par exemple sur 127 fr. : on ne partageait que 120 fr. Un moyen bien simple a mis fin à ces abus. La paie ne se fait plus les dimanches, mais dans la semaine et à la fin de la journée ; l'ouvrier vient la recevoir en habit de travail et la porte par conséquent tout entière chez lui où le besoin de nourriture et de repos le force de rentrer. Quant au partage entre les ouvriers associés, il se fait désormais immédiatement et sous les yeux des chefs mineurs. Ces mesures si simples ont suffi pour faire rentrer dans la caisse de la famille les petites sommes qui auparavant s'en détournaient au profit des cabaretiers.

Les institutions d'assistance n'ont pas été négligées à Commentry, et une mention est due à une caisse de secours et de prévoyance qui, fondée en 1844, a réussi au-delà de toute attente. La difficulté, à l'origine, était d'amener des gens tenaces et regardants à se dessaisir les uns pour les autres. Pour les y décider, il a fallu qu'en leur demandant un sacrifice, l'administration de la mine se déclarât prête à faire un sacrifice égal. Sur ce pied de versements réciproques, les choses ont pu marcher. D'une part, une retenue de 1 1/2 p. 100 s'exerce sur les salaires et les entreprises; de l'autre, la caisse de la mine fournit chaque mois une somme égale au montant de ces retenues. Ainsi, dans les six dernières années, les cotisations des ouvriers et les subventions de la mine se sont élevées chacune à 182,053 fr. 35 c. Pour 1865, les recettes de la caisse de secours ont été de 46,176 fr., les dépenses de 45,523 fr., comprenant le service de pensions et de secours, les soins médicaux et l'instruction populaire. Les pensions, qui se montent à près de 14,000 fr., sont faites aux veuves, ou pères et mères des ouvriers morts par suite de blessures ou de maladies contractées dans les travaux. Les secours, 12,000 fr. environ, sont distribués aux ouvriers éloignés temporairement du travail par suite de blessures et de maladies, et au commencement de l'hiver le conseil vote en outre une somme de 6,000 fr. à répartir en vêtements et en linge entre les familles les plus nécessiteuses. Le service médical,

7,000 fr. environ, comprend, outre les honoraires du médecin, la fourniture des remèdes et les frais de la sœur chargée du service et de la visite des malades. La gestion de l'ensemble des services, purement gratuite, appartient à un conseil composé, sous la présidence du gérant, des ingénieurs et des principaux employés, des chefs mineurs et de huit ouvriers élus par le conseil.

Restent les écoles, qui puisent dans la caisse des secours une subvention qui excède 7,000 fr. Ce service comprend une école de garçons tenue par les Frères des écoles chrétiennes, une école de filles avec ouvroirs et salle d'asile tenue par les Sœurs de Bourges. L'école des garçons, où les fils des ouvriers de la forge sont reçus au même titre que ceux des ouvriers de la mine, compte 550 enfants. Elle est desservie par dix Frères, et comprend huit grandes classes où l'on donne toutes les notions de l'instruction primaire et de plus celles de la géométrie, de l'arpentage et du dessin linéaire qui y sont poussés assez loin. On y enseigne aussi la musique. C'est dans cette école que la forge et la mine recrutent leurs contre-maîtres. L'école des Frères appartient à la mine, qui y a dépensé, en constructions et appropriations, plus de 127,000 fr. Quant à l'école des filles, elle reçoit, en y comprenant l'ouvroir et l'asile, près de 600 enfants ; elle est tenue par neuf Sœurs de charité et a coûté 96,000 fr. Le tout forme un bel ensemble d'établissements et si bien entendu qu'à peine compte-t-on à Commentry 150 enfants qui ne soient pas entrés dans les cadres de cet enseignement élémentaire. L'ignorance ne persiste que dans les campagnes des environs et parmi les ouvriers qui y sont disséminés ; on la combat en multipliant les écoles de village.

On voit quel intérêt s'attache à ce peuple industrieux. Les qualités qui surtout le distinguent sont un grand courage d'état et l'énergie dans le travail dont il a le goût sans en avoir le génie. Quand on s'élève dans l'échelle des commandements, ce n'est plus à des gens du pays qu'il faut avoir recours, c'est à des étrangers. Tout au plus Commentry fournira-t-il des maîtres mineurs, il n'y a rien à lui demander au-delà ; on n'y trouverait pas une élite d'ouvriers pour le fer. Ce peuple en a le sentiment, et pourtant il ne s'y résigne pas ; son infériorité lui pèse, et parfois son dépit s'exhale en mauvaise humeur. C'est qu'en réalité il y a là des natures fortement accusées, quoiqu'elles restent communes, une ambition sournoise et une âpreté au gain qui cherchent des issues et ne se contentent qu'à demi. En bien comme en mal, l'ouvrier de cette zone ne dépasse pas un certain niveau. Il a de la religion, mais une religion plus instinctive que réfléchie ; il ne porterait pas atteinte à la propriété d'autrui, mais il n'a pas pour elle ce respect naturel qui exclut l'envie ; il ne ferait pas de mal aux autres, encore moins aux siens ; mais il ne ressent pas cette ardeur dans le dévouement qui est la plus noble vertu dont l'homme puisse être doué. Dans tout cela il y a quelque chose qui tient à la race, mais c'est surtout le manque de culture qu'il en faut accuser. Les écoles de Commentry sont la plupart de création récente : pour savoir au juste ce que vaut cette population, il faut attendre qu'elles aient porté largement leurs fruits.

II

Nous avons vu les ouvriers de la houille groupés autour de Commentry ; les ouvriers du fer qui dépendent de la Société de Fourchambault sont plus épars et, suivant le siége et la nature de leur travail, leurs habitudes varient. Des convenances de localité ont d'ailleurs réglé cette distribution : à Fourchambault même la forge et la fonderie principales ; à Montluçon un groupe de sept hauts-fourneaux ; à Torteron une belle fonderie de moulages, à Imphy le traitement de l'acier fondu ; à La Pique la petite ferronnerie : tout cela inégalement réparti dans la Nièvre, le Cher et l'Allier, de manière à garder pourtant une certaine harmonie entre les hommes et le cadre où ils avaient à figurer.

Dans ces établissements dispersés il y a, comme on le pense, plus d'une nuance, quelques contrastes même ; mais plusieurs traits leur sont communs, entr'autres la conformité d'origine. Presque tous les ouvriers du fer, dans cette région du Bourbonnais, sont empruntés aux campagnes : tout au plus y aurait-il à faire exception pour La Pique dont les ateliers peuvent se recruter à Nevers, et pour Montluçon qui trouve tout portés les éléments de sa main-d'œuvre. Ces exceptions ne s'appliquent dans tous les cas qu'à un contingent insignifiant ; la règle c'est l'ouvrier des champs avec la distinction que voici. La première génération — et pour Fourchambault cette génération ne date que de quarante ans — était purement rurale, c'est-à-dire que l'ouvrier, sa tâche remplie, regagnait sa chaumière souvent très-distante. Il tenait à la terre par la résidence et aussi par une petite exploitation : survenait-il un chômage en industrie, le paysan se retrouvait et reprenait la bêche ou le hoyau. Dès la seconde génération, ce caractère mixte a disparu en partie; à peine le voit-on persister chez quelques auxiliaires de passage qui se louent pour tous les travaux de force indistinctement, ou bien chez quelques hommes qui font un peu de culture dans leurs heures libres plutôt comme distraction que comme produit; mais le gros des ouvriers ne connaît plus ce mélange de travaux, inconciliable avec le régime des grands ateliers. Ils appartiennent au fer et ne s'en laissent plus détourner : aussi les arrangements domestiques s'en sont-ils ressentis. Insensiblement les hommes se sont rapprochés de l'usine comme l'essaim se rapproche de la ruche ; des voies ont été ouvertes, des constructions se sont élevées ; un village est sorti de terre là où il n'y avait naguère qu'une lande nue, puis, la fortune aidant, ce village est devenu un bourg. Ce bourg, ce village avaient des habitants désignés dans les ouvriers de l'usine et dans les fournisseurs ordinaires de tout groupe qui se forme avec des besoins à servir. Les bâtiments d'usage commun arrivaient ensuite pour répondre à d'autres besoins ; un pas de plus, et le bourg passait à l'état de petite ville. C'est en peu de mots ce qui est arrivé à Fourchambault et de combien de localités n'est-ce pas l'histoire?

Un fait est pourtant à noter. Ces centres de population, quoique d'origine rurale, ont un tout autre aspect, de tout autres allures, que les centres purement ruraux. Les maisons n'y sont plus jetées au hasard et bordées de cours où croupis-

sent les résidus du ménage agricole ; elles forment des rues
aux pignons alignés et se croisant à angle droit, avec des
chaussées en bon état, quelquefois des trottoirs, une voirie
décente. Sur quelques points il y a même excès ; le cabaret
de village s'est transformé en café dont les exemplaires se
multiplient pour peu que le mouvement de la population
s'y prête. Après les lieux vient le tour de l'homme qui, à
son insu, par la force des choses, s'est également modifié.
Du paysan il reste toujours chez lui la vigueur corporelle,
la constance dans le travail, l'âpreté au gain ; mais au bout
de quelques années d'atelier, la démarche n'est plus la
même, l'air est plus décidé, les manières sont plus dégros-
sies et, au contact de l'instruction primaire, le langage
est meilleur. L'amendement est plus rapide encore quand
autour de lui l'ouvrier peut distinguer quelques sujets
d'élite comme ceux que versent dans les ateliers du fer
nos écoles des arts et métiers. Volontiers il s'essaie alors
à les imiter, à se régler sur eux. Maintenant que dans cet
état de mue tout soit profit pour les mœurs, ce serait
beaucoup dire ; le bien y est mélangé de mal, mais, tout
compte fait, pour Fourchambault la balance est bonne. La
génération qui arrive est de beaucoup supérieure à celle
qui s'en va ; placée au centre des établissements et sous la
main d'une direction habile, elle est au cours du temps
devenue moins rude et plus instruite. Torteron dans son
isolement vers le Berri a mieux gardé la trempe du caractère primitif qui, à Imphy, est resté dominant. Ici c'est le
vrai paysan que l'on retrouve, le paysan attaché au sol,
cultivant son champ quand il a du temps disponible, lo-
geant presque toujours dans une maison à lui ; un peu

superstitieux, mais honnête et attaché à ses devoirs. Imphy a eu en industrie des destinées très-agitées, il a successivement ouvert et fermé ses portes, changeant de genre et en quête de revanches : toujours et malgré des éclipses forcées cette population lui est revenue au premier appel, prête à recommencer ses services.

Ce dévouement est d'ailleurs un de ces traits qui sont communs à tous les ouvriers du groupe et que relève encore un grand courage d'état. On a vu quelle intrépidité déploient à l'occasion les hommes de la mine ; cette intrépidité n'est pas moindre chez les forgerons et les fondeurs. Les dangers sans être identiques ont des deux parts une gravité égale ; les accidents ne sont pas moins fréquents. Dans les forges ce sont des escarbilles qui retombent en pluie constante et du métal incandescent qui serpente sous toutes les formes. Dans les fonderies le cas est plus grave encore : on peut dire que la vie de l'homme y est constamment exposée. Il faut si peu pour qu'une catastrophe arrive. Le moindre excès d'humidité laissé par l'étuvage dans les moules, le moindre grain de sable éboulé dans les évents, peuvent déterminer des explosions de fonte enflammée dont les éclats se projettent dans toutes les parties de l'atelier et y portent la mort sous sa forme la plus horrible. Fourchambault même en a fourni un exemple tout récent. C'était au mois d'août 1866 ; la scène se passait dans la fonderie où s'exécutent les grands travaux d'art en fonte, en fer et en tôle. Une opération s'achevait : chacun était à son poste. Déjà plusieurs moules avaient été chargés de métal en fusion et de proche en proche on arrivait au bout de la série quand eut lieu une épouvantable détonation. Des débris volèrent de toute part, le sol s'ébranla comme si un cratère se fût ouvert. Il y eut un moment de profonde stupeur, suivi de plaintes déchirantes. Puis quel spectacle affreux ! l'atelier était jonché de victimes, quatre morts, douze blessés, presque tous gravement atteints, chef, contre-maîtres et ouvriers. Triste témoignage des périls de la profession ! Ceux qui ont survécu à l'événement en ont enduré héroïquement les suites : pendant un long traitement leur fermeté ne s'est pas démentie. Les uns n'en sont sortis que mutilés et ont trouvé une retraite dans des emplois de surveillance ; les autres rendus à leurs ateliers y portent fièrement leurs cicatrices et tous les jours y affrontent les mêmes épreuves.

Une circonstance touchante se rattache à cette journée de deuil. L'un des gérants de la Société, M. Jules Hochet, était alors à Fourchambault accompagné de M\u1d50\u1d49 Hochet. Fourchambault était pour eux moins un atelier qu'une famille ; c'est dire quel culte pieux fut rendu aux morts, quels soins entourèrent les blessés, quels secours vinrent en aide aux ménages des victimes. Pour M. Jules Hochet ce n'était point assez ; il était de ces hommes qui vont au-delà de leurs devoirs. Les établissements de prévoyance et de charité ne manquaient point à Fourchambault, distributions à domicile, service médical de tous les jours, presque de toutes les heures, visites et médicaments gratuits. Rien pourtant ne répondait d'une manière directe à ces accidents imprévus. M. Hochet résolut d'y pourvoir et d'ajouter aux fondations existantes une salle des blessés. La mort ne lui en laissa pas le temps ; à quelques mois de là, il était prématurément enlevé à l'affection de ceux qui l'ont connu et qui savent à quel degré c'était un homme de mérite et un homme de bien. Son vœu pourtant n'aura pas été vain ; il a été recueilli par sa veuve qui en était la confidente, par son frère et par ses sœurs. Grâce à leurs soins réunis la salle des blessés à été fondée, et comme me l'écrivait notre honoré confrère, M. Dumon, en me signalant ces détails, « puisse-t-elle ne jamais servir ! »

Un autre trait commun à tout le groupe est le mode de rétribution du travail, soit à la journée, soit à la tâche. La première de ces catégories ne s'applique guères qu'aux manœuvres, la seconde comprend à peu près tous les ouvriers d'état. En dehors et au-dessus sont les traitements fixes au mois ou à l'année, pour les contre-maîtres ou les employés. En général le travail à la tâche prévaut pour tout ce qui exige une certaine habileté de main. Dans le pudlage chaque ouvrier a son four et son compte de matières par entrée et sortie ; il reçoit une charge de fonte et la convertit en fer : son salaire est calculé à raison de ce qu'elle rend. C'est la tâche individuelle, la plus sûre de toutes, la moins sujette à des mécomptes. Aux laminoirs le compte s'établit par individus ou par groupes, suivant les cas. Dans la fonderie qui comprend les ouvrages les plus variés, roues et essieux de wagons, plaques tournantes, grues de tout genre, ponts de métal, mâts de signaux, les ouvriers s'associent par pièce, traitent avec l'établissement à prix débattu et se partagent le produit. Un fait démontré pour les hommes du métier, c'est que, dans les travaux exécutés à la part, les résultats sont d'autant meilleurs que les associés sont moins nombreux. A deux ou trois, la besogne marche encore avec une certaine énergie : jusque-là c'est à qui fera mieux et plus vite; au-dessus de ces chiffres et plus on les dépasse, un ralentissement sensible se produit; entre associés c'est à qui rejettera le plus de besogne sur autrui, à qui en fera moins lui-même et moins soigneusement. Tout calcul fait, c'est dans une tâche isolée qu'on arrive au maximum d'effet utile, ce qui serait, le cas se vérifiant, un démenti donné aux systèmes qui se fondent sur les vertus et les bénéfices de la coopération. Ces systèmes, en les tenant pour salutaires, resteraient subordonnés tout au moins au changement des mœurs et des habitudes.

Pour ces travaux à la tâche, les conditions du salaire échappent la plupart du temps à des évaluations précises ; les ouvriers s'y taxent entre eux et avec une justice des plus strictes ; ils peuvent calculer mieux que ne le ferait un patron ce que chacun d'eux met dans une œuvre, de temps, de soin, de vigueur ou d'adresse. Il n'est pas rare de voir, pour une pièce de choix, des ouvriers d'élite gagner l'équivalent de six à sept francs par journée ; toutes les pièces, il est vrai, ne réussissent pas au même point, il y a des mal façons et par suite des rabais. En réalité, la moyenne des salaires dans les catégories les plus favorisées ne doit pas dépasser 5 fr. et la moyenne générale 3 fr.; ceci pour Fourchambault seulement. A Imphy cette moyenne décroît de 50 cent. au moins; quant à Torteron les comptes sont d'une nature toute particulière, et il est bon d'y insister. Le travail de l'établissement, outre le maniement des matières premières, soit dans des fours à coke pour la houille, soit dans les bocards pour le minerai, consistait surtout dans une fabrication spéciale, celle des moulages pour tuyaux. L'objet à atteindre était de ramener ces mains-d'œuvre diverses à des prix à façon au lieu de prix de journée et cela individuellement plutôt que collectivement. A force d'études et de soins on y est si bien parvenu que pour beaucoup d'ouvriers le salaire, portant à la fois sur une fraction déterminée du produit et sur les quantités à produire, s'est converti en une véritable adjudication annuelle, qui s'obtient et se renouvelle au feu des enchères. Le contrat aboutit à une certaine somme de travaux fixés dans les mêmes mains avec des garanties réciproques de la part des bailleurs et des preneurs. On comprend ce qu'un pareil mode de rétribution donne de sécurité aux opérations, et combien, appliqué de bonne foi, il est supérieur aux incertitudes de l'embauchage. Le patron y gagne de pouvoir régler à coup sûr les échéances et les prix de ses livraisons ; l'ouvrier y gagne aussi de se mouvoir à l'aise dans des prix constants, de presser la besogne ou de la ralentir suivant les saisons, de faire à la fois acte de volonté et d'énergie ; de voir enfin sa responsabilité s'accroître, ce qui est pour les hommes du travail manuel la meilleure école de dignité.

Le premier effet de cette réforme a été de rendre possible à Torteron la suppression du travail de nuit avec les inconvénients qui l'accompagnent. Il y a peu d'années les fonderies de tuyaux y employaient 300 ouvriers, aujourd'hui il n'y a guères que 30 ou 40 hommes qui soient de veillée pour la conduite des hauts-fourneaux et des machines soufflantes. La rétribution fixée dans un meilleur cadre a permis au travail de jour de suffire à tout, de remplir tous les vides. L'ouvrier plus libre dans ses mouvements a mieux réparti l'œuvre pour l'avantage commun ; sa moralité s'en est ressentie, son bien-être également ; touchant davantage et avec plus de régularité, il vit mieux et distribue plus sagement sa dépense. Il est en outre plus fidèle à l'usine. Naguères elle était tout au plus pour lui un lieu de passage ; au moindre caprice il en sortait ou y rentrait. C'était ou un tour de France à faire, ou des moissons à achever d'urgence, quelquefois une épidémie de fêtes patronales qui éclatait aux environs. Les ateliers demeuraient dès lors au régime de l'imprévu, tantôt encombrés, tantôt dégarnis. Depuis que les ouvriers sont liés à l'établissement par des traités sérieux il n'en est plus ainsi : une certaine stabilité s'est introduite dans leurs services. Ils se considèrent comme étant de la maison et ne s'en détacheraient plus à la légère. Par l'effet du même scrupule ils regardent de plus près aux petits désordres, aux gaspillages d'outils et de matières qui sont d'ailleurs à Torteron incorporés dans le prix des façons et livrés en compte à titre de vente. Les compensations s'établissent dans le réglement définitif. C'est en somme une organisation et une comptabilité des plus originales ; j'en ai trouvé ailleurs d'analogues, je n'en ai point trouvé d'identiques. Au fond elle se résume par la même moyenne qu'à Fourchambault, 3 fr. par jour, mais elle laisse à l'homme plus de liberté, plus de disponibilité. A Torteron d'ailleurs la vie est plus aisée en même temps que les occasions de dépense sont plus rares. Point de grandes villes dans le voisinage, et n'était l'invasion des cabarets qui se produit dans toutes les populations en voie de croissance, peu de tentations sérieuses. Point de spectacle non plus qui soit pénible à l'œil ; les femmes sont exclues des chantiers, et les enfants n'y sont admis qu'après l'âge de 13 ans, leur première instruction achevée. Le salaire varie pour eux, suivant leur force et leur habileté, entre 50 cent. et 1 fr. 50. Les viellards ont 2 fr. par journée; les manœuvres de moyenne force 2 fr. 50 à 2 fr. 75. Ces prix sont les mêmes à Fourchambault et de quelques centimes moindres à Imphy.

Nous avons maintenant pour le groupe entier les éléments de recette d'un ménage d'ouvrier. Quelques privilégiés peuvent, on l'a vu, atteindre des prix de journée de 6 à 7 fr., mais, comme les généraux dans l'armée, ce sont des exceptions à mettre hors de page. Il y a aussi pour les enfants, les vieillards et les manœuvres des salaires réduits qui jeteraient quelque irrégularité dans les calculs ; négligeons cet élément. C'est au corps de troupes qu'il convient de s'attaquer, en d'autres termes aux ouvriers d'état. On a vu que la moyenne de leur salaire est de 3 fr. par jour, c'est pour trois cents jours ouvrables une recette de 900 fr. Un jeune garçon formé, gagne 1 fr. 50, c'est-à-dire la moitié du prix de journée du père ou 450 fr : deux garçons doublent le contingent du père, et ainsi de suite. Des femmes en très-petit nombre se partagent quelques travaux de triage, chétivement payés. On peut dire que, dans cette industrie, l'homme pourvoit seul aux besoins communs, et que la tâche ordinaire de la femme est dans la surveillance des enfants et le service de la maison. Comment y suffire avec les 900 francs qui figurent à l'actif, surtout quand les naissances se succèdent, apportant chacune une charge de plus? C'est un compte que j'ai souvent fait et un problème que je suis rarement parvenu à résoudre. Même en réduisant les choses aux termes les plus stricts, il reste toujours dans la dépense un surcroît et dans la recette un manquant qui troublent les calculs les mieux assis. Quand et comment la balance se rétablit-elle? Les ressources du crédit ne mènent pas loin et les ouvriers ne forment point, à tout prendre, une légion d'endettés. Ils ont des épargnes ostensibles, des comptes de dépôt chez les patrons; ils sont prêteurs et commanditaires dans d'assez grandes proportions. L'esprit s'y perd; d'un côté des déficits qui semblent inévitables, de l'autre des réserves entées sur ces déficits. Comment concilier cela? C'est qu'évidemment tous nos calculs pèchent en quelque point, c'est qu'il n'y est pas tenu compte à un degré suffisant d'une faculté très-développée chez les ouvriers d'origine rurale, la faculté de s'abstenir, la puissance de la privation volontaire. On a beau évaluer leurs dépenses au plus bas mot, retrancher sur leurs besoins, ils trouvent encore moyen de rester en deçà. Leurs vices mêmes, l'ivrognerie, par exemple, ne dérangent pas toujours ces calculs; ils la défraient en faisant pâtir les leurs. C'est ainsi et par gouttes d'eau souvent mêlées de larmes que se grossit le courant de l'épargne populaire.

Une autre circonstance s'oppose à ce que le budget de l'ouvrier puisse être dressé avec quelque précision, c'est l'instabilité des prix pour la plupart des éléments dont il se forme. A côté des dépenses à peu près fixes, il en est de tellement variables que d'une année à l'autre, c'est presque une révolution domestique qui éclate; la veille l'aisance, le lendemain la gêne. Quelques détails rendront sensibles les causes de ce trouble dans les existences. J'ai sous les

yeux un budget fait à Torteron pour un ménage d'ouvriers
composé d'un couple et de deux enfants ; ce budget comprend en articles principaux le loyer pour 120 fr. les vivres
pour 478 fr. l'entretien pour 252 fr., l'école et la caisse
de secours mutuels pour 73 fr., l'éclairage et le chauffage
pour 52 fr. plus 41 fr. de dépenses diverses. Le total
monte à 1016 fr. Quels sont là-dessus les objets d'un
coût à peu près constant et ceux qui sont sujets à de
grands écarts ? Le dépouillement est prompt à faire et
l'écueil facile à signaler. Dans le chapitre de l'entretien
tout est régulier ; il y aurait plutôt un rabais à attendre ;
c'est le cas également pour la rétribution scolaire, la caisse
mutuelle, le chauffage et les menus frais ; l'écart ne porte
guère que sur les logements et les vivres. L'augmenta-
tion du prix des logements est un fait général dans les
foyers d'industrie ; elle a été très-marquée à Fourchambault
et à Torteron et ne peut pas être évaluée à moins de 25 à
30 p. 100 pour une période assez récente. Un ménage ne
se loge guère à moins de 120 et 130 fr., et encore n'a-t-il à
ce prix qu'une chambre et un cabinet. Quant au prix des
vivres la hausse a été dans le bassin de la Loire comme
sur tous nos marchés, constante dans ses allures et bien
lourde pour le consommateur ; la viande de boucherie
entre 1 fr. 10 à 1 fr. 20 le kilo, c'est-à-dire renchérie
d'un tiers dans le cours de quelques années ; les légumes
et les produits de la ferme entraînés dans le même ren-
chérissement. Pour les vins il suffit de se souvenir des
mouvements désordonnés auxquels les a soumis le fléau
dont la vigne n'est pas encore délivrée. Voilà bien des
charges et pourtant ce ne sont pas les plus rudes à

supporter ; le poids en est réparti de manière à les rendre moins sensibles ; des accroissements dans les salaires y correspondent d'ailleurs ; mais il est d'autres charges qui procèdent par surprises, par coups de foudre et contre lesquelles un ménage d'ouvriers est à peu près sans défense. Tel est le prix du pain avec ses écrasantes variations.

Dans le budget que j'ai cité le pain figure pour 820 kil. à 28 c. le kil. ;—coût 230 fr. c'est le prix de 1865, date de ce document ; à 42 c. le kil. prix du jour, il y aurait 114 fr. à y ajouter, total 344 fr., plus du tiers de la dépense de l'ouvrier. En 1864 le coût du même pain n'eût été que de 197 fr., c'est-à-dire à peu près de moitié moins que le maximum de 344 fr. L'intermittence des prix obéit d'ailleurs dans les années qui se sont écoulées de 1854 à 1868 à une sorte de régularité, les périodes d'abondance et de disette se succèdent de trois en trois ans avec des minimums de 21 et des maximums de 43 c. le kil. Le document dont je m'appuie cite deux exemples des effets que produisent dans les classes industrieuses ces mouvements alternatifs, l'un emprunté aux pires conditions, l'autre aux meilleures. Dans le premier cas il s'agit d'un ménage composé d'un couple et de quatre filles, l'aînée ayant quinze ans, la dernière cinq. La seule ressource est dans la journée du père ; c'est un manœuvre, il gagne tout compris 860 fr. par an. Or en 1864 il consommait lui et sa famille 1,293 kilogrammes de pain à 24 c. le kil., soit 305 fr. ou 35 p. 100 du salaire. En 1868 la recette annuelle est la même, les besoins de sa famille se sont plutôt accrus et pour la même quantité de pain il aura, au prix de 42 c. le kil., 546 fr. à débourser, c'est-à-dire 63 p. 100 de la recette. Il ne lui restera donc que 314 fr. pour subvenir aux autres dépenses, loyer, entretien, etc., somme tout à fait insuffisante. Dure perspective pour ces pauvres gens, et combien sont aussi maltraités ! Dans le second cas le père est un ouvrier d'état entouré de six garçons dont trois en bas âge, trois autres employés à l'usine et versant dans la bourse commune. Les salaires roulent entre 2 fr. 75 et 1 fr. 25 suivant l'âge et la force des sujets. La moyenne est de 1 fr. 95 par tête et le nombre des journées effectuées par tout le groupe de 1,304 dans le cours de l'année, ce qui fournit une recette de 2,532 fr. 81 c. La consommation de ces huit bouches en y comprenant la mère est de 2,460 kil. de pain qui en 1864, avant la hausse, donnaient à raison de 24 c. le kil. un total de 593 fr., soit 23 p. 100 du salaire combiné. Dans ces conditions une certaine aisance règne ; une épargne se forme et l'ouvrier peut se rendre acquéreur d'une petite maison avec jardin sur laquelle il donne un à-compte. Il a calculé qu'avec un certain nombre d'annuités, il sera libéré du solde; c'est à coup sûr, ses chiffres sont exacts ; il n'a oublié qu'une chose, le prix du pain. Ce qui lui coûtait 593 fr. en 1864 lui coûtera 1,033 fr. en 1868, 41 p. 100 de la recette de famille au lieu de 23 p. 100. Voilà dès lors une combinaison qui s'écroule et des annuités en souffrance ; il faudra demander des délais, modifier les engagements, et peut-être l'huissier s'en mêlera-t-il.

Ces fluctuations dans les prix de la grande denrée alimentaire ont été partout et dans tous les temps un souci pour les établissements qui occupent un grand nombre de bras. Torteron avec ses mille bouches à nourrir devait s'en

préoccuper plus qu'aucun autre ; il est isolé des grands
marchés et ne tire que de l'industrie sa raison d'être. Il fut
donc convenu en 1856 que l'administration des usines
aurait une boulangerie à sa main, non pour combattre les
boulangeries locales, mais pour les suppléer au besoin et
dans tous les cas les contenir. C'était à la fois une expérience et une précaution. Elles ont confirmé ce que tout le
monde sait aujourd'hui, c'est que la fabrication du pain
est en général une industrie de gagne-petit. Les appareils
de Torteron sont établis pourtant d'après le système le plus
perfectionné que l'on connaisse ; un pétrin mécanique
et un four du système Rolland ; les achats de farine sont
faits avec intelligence, des ouvriers choisis exécutent ou
surveillent les travaux ; tout concourt à réunir une sévère
économie à une bonne confection. Malgré tout l'avantage a
été des plus médiocres ; la moyenne du produit n'a fourni
qu'un centime de rabais sur les prix des autres boulangers,
et encore n'est-il pas certain qu'on ait compris dans ce
calcul un amortissement pour le matériel. La manutention
n'en a pas moins continué, quoique sur une petite échelle,
comme élément régulateur et a fourni quelques observa-
tions curieuses. Il était de remarque, parmi les boulangers,
que la consommation du pain diminue sensiblement l'été et
se relève périodiquement en automne ; l'usine de Torteron
a traduit ce fait en formule numérique ; l'été la consommation est de 17 p. 100 plus faible, en automne elle est
de 12 p. 100 plus forte que la moyenne de l'année. Il y
avait également à rechercher l'influence de l'âge sur la
proportion des quantités consommées ; ce serait d'après des
relevés comparatifs, 972 grammes pour un homme fait

650 grammes pour un vieillard, 690 grammes pour une femme. Ces chiffres n'ont d'ailleurs qu'une valeur relative, ils sont inséparables du lieu d'où ils proviennent, et des sujets sur lesquels ils portent.

Jusqu'ici il n'a été question que des ménages ; les célibataires ont une vie moins chargée d'embarras. Presque toujours ils se mettent en pension à des conditions qui sont à peu près générales dans les pays d'usines, 6 fr. par mois pour être couché et avoir la soupe trempée deux fois par jour, la soupe grasse une ou deux fois par semaine, la soupe maigre les autres jours. Le pain est fourni par l'ouvrier. Mais ce n'est là qu'un détail dans le marché qui se passe. Presque toujours la maîtresse de pension est une femme d'ouvrier qui fait de ses clients, jeunes en général, l'objet d'une exploitation savante. Une fois qu'ils ont mis le pied dans la maison, il est rare qu'ils n'y dépensent pas tout ce qu'ils gagnent ; on veille sur leur poches mieux qu'ils ne le font eux-mêmes. C'est le vin d'abord qu'on leur compte à 40 c. le litre, puis la pitance, c'est-à-dire une portion de ragoût de viande ou de ragoût maigre qui leur est vendu à raison de 30 c. la portion ; le blanchissage est payé à part, l'entretien aussi, sans compter les petites fournitures. La maîtresse de pension y arrondit son pécule tandis que le célibataire s'allège d'autant. Aussi songe-t-il bientôt au mariage par mesure d'économie et y arrive-t-il souvent avec des dettes. S'il a eu la main heureuse, les brèches de sa vie de garçon seront bientôt réparées et la nouvelle ménagère fera à son tour souche de bonne maison ; mais il y a là pour le couple un moment d'épreuve et tous ne la traversent pas avec le même bonheur.

Les qualités essentielles de cette population sont un esprit de justice et un fonds de bon sens ; la modération est également dans ses habitudes. Il ne me semble pas que l'ancien Bourbonnais ait jusqu'ici trempé dans des agitations pour les salaires ; on traite les hommes si équitablement, on peut dire si paternellement à Fourchambault qu'ils n'en auraient vraiment pas le prétexte. L'industrie a d'ailleurs été pour le pays un bienfait dont la tradition est encore vivante. Au début du siècle, la mendicité y envahissait tous les chemins et on n'a pas oublié les efforts qu'a dû faire l'un des préfets de la Nièvre pour en expulser les derniers nécessiteux. C'est l'industrie qui, par les emplois qu'elle offre, empêche qu'il ne s'en forme de nouveaux, Elle a dans ses cadres de quoi tirer parti de tous les services, des plus grossiers comme des plus délicats. Aussi entre ces ouvriers portant tous la même blouse la distance est souvent fort grande. Il y a loin du manœuvre qui range des pièces brutes à l'ajusteur qui donne au métal des formes et une valeur de précision, loin du charrieur de plate-forme au pudleur qui, l'œil sur la bouche de son four, poursuit et mène à bien une transformation chimique. Autant de catégories d'ouvriers autant de sujets d'études, mais comment y suffire? A peine y a-t-il place pour quelques généralités comme celles que j'ai passées en revue et pour la plus importante de toutes, l'instruction populaire : Fourchambault est sous ce rapport amplement dotée et dans des bonnes conditions de développement.

Ce n'est pas que les bancs des écoles soient tous garnis ; il y a des vides surtout parmi les garçons, et pas toujours par la faute des familles ou des enfants. Dans les

deux groupes il y a, outre l'agglomération principale,
des hameaux dispersés qui manquent d'écoles. C'est par
ce côté que le service pèche. L'éloignement contribue
au moins autant que la négligence aux abstentions que
l'on signale encore, mais qui chaque jour diminuent.
Ce qui est acquis est un sûr garant pour ce qui reste
à acquérir. Ainsi à Fourchambault sur les 6,000 âmes
de population, il y a 1,500 élèves, juste le quart, ce qui
est une des proportions les plus satisfaisantes que l'on
connaisse. Ces 1,500 élèves se distribuent entre cinq
écoles dont les principales sont entre les mains des frères
et des sœurs ; une école communale de garçons avec
480 élèves, une école communale de filles dirigée par les
sœurs de la Sainte-Famille avec 440 élèves, un asile et
une école de filles de la fonderie dirigée par les sœurs·
de la charité de Nevers, 360 élèves, puis dans les mains
laïques une école libre de garçons et une école libre de filles,
l'une avec 135, l'autre avec 115 élèves. Récapitulation
faite il ne reste que 200 enfants qui ne fréquentent pas les
écoles, 150 garçons et 50 filles. A Torteron, toute proportion gardée, les résultats ne sont pas moins satisfaisants.
On y compte une école de 160 garçons sous les frères ma-
ristes, une école de 156 filles sous les sœurs de Saint-
Vincent-de-Paul, enfin un asile avec 119 filles et 64 garçons. L'asile et l'école des filles sont gratuits ; l'école des
garçons est seule payante, sauf une vingtaine d'admissions
de faveur. Les rétributions scolaires sont d'ailleurs prises
en bonne part ; on met un certain amour-propre, condition
assez rare, à les acquitter exactement. Comme institutions
de luxe, Fourchambault et Torteron ont en outre chacun

une école du soir qui réunit quelques ouvriers et une société de musique, en d'autres termes une *fanfare* qui a un succès bien plus décidé; deux essais d'orphéons ont jusqu'à présent moins réussi.

J'ai visité toutes ces écoles, j'ai même eu la chance d'assister à Fourchambault à la distribution des prix de l'une d'elles, l'école communale des garçons. Les Frères de la Doctrine chrétienne avaient réglé la mise en scène avec un certain art. C'est un si beau jour pour les enfants et pour les maîtres, et comment ne pas se mettre en frais pour des spectateurs toujours bien disposés ! Aussi la cour de l'école était-elle couverte de pavois et voyait-on en entrant, adossée à l'un des murs, l'estrade sur laquelle allait se passer le gros de la cérémonie. Outre la distribution des prix il devait y avoir une petite représentation scénique arrangée pour les élèves. Les choses se passèrent comme l'avait prévu le programme ; il y eut profusion de couronnes accompagnées d'accolades et les jeunes acteurs ne se montrèrent pas trop empruntés dans leurs rôles et dans leurs déguisements. A l'issue du concours on alla vérifier les pièces à l'appui, c'est-à-dire l'exposition des œuvres des élèves, dessins, pages d'écritures, plans, cartes et surtout épures dont quelques-unes étaient remarquablement exécutées. Dans tous ces mouvements, c'est aux physionomies que je m'attachais surtout ; il y régnait une joie décente. J'avais autour de moi les ouvriers que je cherchais à étudier, les pères, les mères, les grands parents près des jeunes, trois générations en présence, s'associant aux mêmes émotions. C'était Fourchambault, c'était l'usine représentés dans leurs meilleurs éléments. Rien n'y faisait disparate ;

quelque part qu'on jetât les yeux on voyait une tenue con-
venable, des vêtements propres et assortis à la condition,
des airs de santé sur les visages; nulle apparence de misère.
En somme, la journée était bonne pour tout le monde et
surtout intéressante pour un témoin.

La distribution des prix dans l'école des filles, moins
bruyante et d'un moindre apprêt, eut aussi quelques inci-
dents, entre autres l'exposition des travaux d'aiguille. Les
confections, les pièces de broderie y abondaient, plusieurs
soigneusement traitées. C'est là pour les industries qui ne
peuvent donner aux femmes des emplois appropriés, un
grand souci et une grande charge. C'est bientôt fait de dire
que la tâche de la femme doit se réduire au soin des enfants
et au service de la maison ; cela ne suffit pas toujours ni
comme ressource, ni comme emploi du temps et on est trop
heureux de trouver un métier ou un art qui ajoute quelque
chose à l'aisance et retranche quelques piéges à l'oisiveté.
Même en exceptant la mère, il y a toujours les filles qui
grandissent et qu'il faut occuper jusqu'à ce qu'elles soient
en âge de mari, les veuves qui ne peuvent pas demeurer
toutes à la charge de l'assistance municipale. Aussi voit-on
les industries du fer partout en quête de ce complément d'activité et les populations s'y prêter comme à un bienfait pour
les familles malaisées. Malheureusement les débuts sont
rudes et les malfaçons ruineuses; il faut du temps pour former des ouvrières et peu d'intermédiaires consentent à entre-
prendre cette éducation. Il y a eu pourtant quelques essais,
au Creusot pour la fabrication des dentelles, à Torteron
pour la couture des gants. L'ouvroir de Torteron, dirigé
par les sœurs de Saint-Vincent-de-Paul occupe de trente à

quarante jeunes filles de 13 à 20 ans ; il est divisé en quatre ateliers, trois pour la confection de vêtements, un pour la couture des gants et emploie deux machines à coudre. Les ouvroirs de Fourchambault, n'ont que de la confection, avec un nombre de machines à coudre proportionné à leur travail. Sur la confection il y a peu à dire, partout elle surabonde et garde un caractère local ; ce n'est pas d'ailleurs une industrie. La couture des gants aurait un plus grand marché ; l'essentiel serait d'y arriver dans des conditions respectables : jusqu'ici Torteron n'a guère fourni au-delà de 5 ou 6,000 paires de gants par an. C'est un début, ce n'est pas une concurrence sérieuse ; le temps, il faut l'espérer, y mettra du sien. Nulles conquêtes ne sont aujourd'hui plus désirables que celles qui se font au nom des femmes dans le domaine des travaux qui leur sont compatibles.

Avant de quitter Fourchambault et ses annexes, une mention est due à une forge qui n'en est séparée que par quelques lieues et qui relève d'un régime particulier. C'est Guérigny, chef lieu des exploitations que la marine militaire possède dans la Nièvre, et qui sont connues sous le nom de forges de la Chaussade.

Ce nom est celui du premier cessionnaire, M. Babaud de la Chaussade, qui les fonda vers le milieu du dernier siècle et les vendit au Roi en 1781, moyennant une somme de 2 millions cinq cent mille livres. Dans cette vente étaient compris les bois et toutes les propriétés rurales qui avaient été affectées à l'exploitation des forges. La conservation en fut confiée d'abord au ministère des finances qui les fit régir par l'administration des domaines, de laquelle la marine achetait les ancres et les gros ouvrages de fer qu'on y fabriquait. Mais, en 1793, elles passèrent dans les attributions du département de la marine, en vertu d'un décret de la convention nationale, et ce département n'a pas cessé depuis de les faire exploiter dans le seul intérêt de son service. Appauvri par quelques distractions de terrain, l'établissement a pour chef-lieu le bourg de Guérigny, avec des succursales à Cosne, Demeurs, Vingeux, la Poêlonnerie et Forge-Bras, éparses à une grande distance les unes des autres. On y fabrique les objets de grosse forge qui se composent de fers corroyés et surtout les ancres et les câbles-chaînes destinés à la marine militaire. L'administration fixée à Guérigny est sous les ordres d'un ingénieur de la marine avec le titre de directeur. J'ai passé là une journée des mieux employées : le travail n'y est jamais très-actif, comme dans les ateliers où la spéculation privée est en jeu ; mais on y sent l'étreinte de la main militaire, un ordre minutieux, une discipline constante qui en matière d'industrie ont un cachet original.

L'aspect des constructions, quand on arrive par l'avenue principale, frappe et impose. Ce ne sont plus des bâtiments confus et jetés au hasard ; ce sont de grandes halles dans le style du dernier siècle et qui se profilent régulièrement. Ni la lumière, ni l'espace n'ont été épargnés dans ces vastes ateliers que surmontent des charpentes ajustées avec soin, et à des hauteurs monumentales. Quand on les traverse, on s'assure qu'il n'y manque aucun outil de précision ni dans les taillanderies, ni dans les laboratoires d'ajustage. Au centre de chaque halle est un marteau-pilon, le plus puissant du poids de 40,000 kil., les autres de 20 et 10,000 kil. Autrefois ces machines empruntaient leur

force à la Nièvre, qui, en amont de Guérigny, se grossit
d'un affluent; les sécheresses de l'étiage ont rendu nécessaire l'emploi de moteurs à feu pour un service continu.
Dans cette enceinte qui, coupée de canaux et ombragée
d'arbres séculaires, ressemble à une petite ville, travaillent six à sept cents ouvriers qui y sont clairsemés
malgré leur nombre, tant il y a de place pour se mouvoir.
Les uns sont aux ancres, les autres aux câbles-chaînes,
d'autres aux arbres de couche pour les bâtiments à vapeur,
d'autres enfin à la petite ferronnerie, linguets, manilles,
émérillons, mèches de cabestan. Il est rare pourtant que
tout marche à la fois; comme la marine ne fabrique que
pour ses propres besoins, il y a souvent des intermittences.
Quand j'ai visité Guérigny il n'y avait d'actif que les clou-
teries et les petites forges des câbles à maillons. Aucune
grande pièce n'était sur le chantier; mais le travail des
câbles eût pu suffire à lui seul comme aliment à la cu-
riosité. En moins d'une minute, un fragment de fer rougi
à blanc prenait sous l'action des machines ou sous la
main de l'homme la forme d'un maillon qui s'ajoutait à
d'autres maillons : une chaîne se formait ainsi et descen-
dait vers le champ de traction de la presse hydraulique
pour y être soumise aux épreuves de résistance; reconnue
pour être de recette, c'était un câble de plus pour nos
vaisseaux. De pareils travaux exigent des hommes d'élite :
aussi les ouvriers de Guérigny sont-ils payés à raison de
3 à 5 fr. suivant la nature et les proportions de la tâche ;
quelques-uns occupent en outre des logements qui proviennent des anciennes forges; un petit nombre enfin,
passé au service de l'État, ont des pensions de retraite.

L'inconvénient de cette usine, c'est qu'elle est trop vaste et trop largement montée pour sa destination : on peut dire en termes familiers qu'elle mâche à vide. Ne travaillant que pour la marine militaire et à des articles déterminés, elle n'emploie que la moindre partie de ses moyens de produire. Elle n'est pas, en économie industrielle, dans cette condition régulière qui veut que le capital soit et se maintienne en rapport avec le produit ; elle donne de pauvres résultats avec des forces exubérantes. Disons qu'on y a un peu aidé. Beaucoup de gros travaux de forge que la marine exécutait autrefois en régie ont été successivement livrés à l'industrie privée ; il en a été de même de la majeure partie des articles de ferronnerie. Guérigny a été ainsi victime de dépouillements successifs qui l'ont réduit à l'état de langueur où il se trouve. Peut-être eut-on depuis longtemps supprimé la forge et fait argent de ses débris, sans les deux fournitures où elle excelle et qui l'ont préservée, les ancres et les câbles-chaînes. Ici la question n'était plus de savoir quel rabais on eût pu obtenir dans des adjudications privées ; il s'agissait de se procurer à tout prix la matière la plus parfaite, la plus résistante, la plus sûre à l'emploi. Comment hésiter ? Une ancre, un câble, c'est en réalité le salut d'un bâtiment de guerre et des hommes qui le montent. Les éléments dont ces ouvrages sont formés doivent présenter la sécurité la plus entière, et la confiance n'est acquise sous ce rapport qu'à ceux dont on a pu suivre la composition et l'amalgame. Il faut avoir essayé barre par barre le fer dont se composera la tige ou la patte d'une ancre, suivi les opérations qui en auront opéré le corroyage et les sou-

dures, pour se croire certain qu'aucun vice caché ne pourra
en altérer la force, en limiter la durée. Ces considérations
sont, pour les ateliers de la Chaussade, la seule raison
d'être et la dernière garantie qu'ils aient contre le délaisse-
ment. En tiendra-t-on toujours compte? C'est au moins
douteux. Un moment, il y a eu pour eux une chance im-
prévue, et le directeur, dans le cours de notre tournée,
m'en parlait avec le regret qu'on l'eût laissé échapper.
Cette chance était dans la fourniture des revêtements en
métal introduits récemment dans la marine de guerre. La
prévoyance indiquait encore ici un travail en régie et à
quel établissement le confier si ce n'est à Guérigny, qui
avait fait ses preuves dans les chaînes et dans les ancres?
Le revêtement des coques exigeait le même soin, si ce
n'était un soin plus grand dans l'assemblage des parties,
la même pureté des matières, les mêmes conditions d'adhé-
rence. Et tout cela, ajoutait le directeur avec une sorte
d'amertume, nous a échappé, et nous restons les bras croi-
sés pour la plupart du temps, quand nous aurions eu de
si beaux services à rendre. Il y aurait beaucoup à dire sur
ces plaintes et sur cette prétention, qui seraient d'ailleurs à
débattre, les pièces sous les yeux ; mais à quoi bon? Le
fait est que, dans ces travaux de fraîche date, le Gouver-
nement s'est dessaisi une fois de plus, et que pour en juger
la nature et l'importance, il faut frapper aux portes des
ateliers de Rive-de-Giers et de Saint-Chamond, ateliers pri-
vés qui en sont le siége principal. Nous y retrouverons le
même problème, seulement les termes en seront renversés.

Orléans. — Imp. Ernest Colas.